Ernst Probst

Cockacoeske. Die Königin der Pamunkey

GRIN Verlag

Bibliografische Information der Deutschen Nationalbibliothek:

Die Deutsche Bibliothek verzeichnet diese Publikation in der Deutschen National-
bibliografie; detaillierte bibliografische Daten sind im Internet über http://dnb.d-
nb.de/ abrufbar.

Impressum:

Copyright © 2014 GRIN Verlag GmbH
Druck und Bindung: Books on Demand GmbH, Norderstedt Germany
ISBN: 978-3-656-65804-7

Dieses Buch bei GRIN:

http://www.grin.com/de/e-book/273907/cockacoeske-die-koenigin-der-pamunkey

Ernst Probst

Cockacoeske

Die Königin
der Pamunkey

*Allen heute lebenden Indianerinnen
gewidmet*

Die „Königin der Pamunkey"

Rund 30 Jahre lang dauerte die Herrschaft von Cockacoeske (um 1634–1686), die als „Königin der Pamunkey" in die Geschichte des US-Bundesstaates Virginia einging. Die attraktive und kluge indianische Anführerin lebte in einer unruhigen Zeit, in der sich nicht nur Indianer, sondern auch Weiße gegenseitig bekriegten. Nach dem Tod ihres indianischen Gatten Totopotomoi (1625–1656) bei einer Schlacht gegen Indianer erbte sie dessen Königstitel. Danach wurde der englische Offizier John West (1632–1691) ihr Geliebter und Vater ihres Sohnes. 1677 unterzeichnete Cockacoeske einen Friedensvertrag mit den Engländern. Das abenteuerliche Leben dieser ungewöhnlichen Frau wird in dem Taschenbuch „Cockacoeske. Die Königin der Pamunkey" des Wiesbadener Autors Ernst Probst geschildert. Aus seiner Feder stammen die Taschenbücher „Malinche. Die Gefährtin des spanischen Eroberers", „Pocahontas. Die Indianer-Prinzessin aus Virginia", „Cockacoeske. Die „Königin der Pamunkey", „Kateri Tekakwitha. Die erste selige Indianerin in Nordamerika", „Sacajawea. Die indianische Volksheldin", „Mohongo. Die Indianerin, die in Europa tanzte", „Lozen. Die tapfere Kriegerin der Apachen", „Sieben berühmte Indianerinnen" und „Superfrauen aus dem Wilden Westen".

Indianerhäuptlinge mit Tätowierungen in Virginia. Kupferstich von Theodor de Bry (1561–1623) von 1590 nach einem Gemälde von John White (um 1540–1593) von 1585

Cockacoeske

Die „Königin der Pamunkey"

Als bedeutender weiblicher Anführer ging die Indianerin Cockacoeske (zwischen 1634 und 1640–1686) in die Geschichte des US-Bundesstaates Virginia ein. Sie war von 1656 bis 1686 „Queen der Pamunkey" („Königin der Pamunkey"). In der Literatur findet man auch die Titel Sachem, „The Great Weroance" („Großer Anführer") oder „Weroansqua of the Pamunkey" („Anführerin der Pamunkey"). Der Ausdruck Weroance stammt aus der Sprache der Algónkin-Indianer und kann mit deutschen Begriffen wie Stammeshäuptling, Anführer oder König übersetzt werden.

Der Name Virginia wurde von dem englischen Seefahrer und Entdecker Walter Raleigh (um 1552–1618) bei seiner Expedition von 1584, als er die erste Ansiedlung auf Roanoke Island gründete, zu Ehren der Königin Elisabeth I. Tudor von England (1533–1603) geprägt. Die unverheiratete und kinderlose Elisabeth I. trug den Beinamen „Jungfräuliche Königin" („Virgin Queen"). Aus Sicht der englischen Kolonisten ging es um die Besiedlung und Urbarmachung eines jungfräulichen Landes. Ursprünglich bezeichnete man ein Gebiet als Virginia, das die späteren US-Bundesstaaten Virginia, West Virginia, North Carolina, Kentucky, Tennessee und Ohio umfasste.

Walter Raleigh (um 1552–1618),
englischer Seefahrer und Entdecker ,
Gemälde vermutlich von William Segar (1564–1633)

Königin Elisabeth I. Tudor von England (1533–1603),
Gemälde von Isaac Olivier (1560–1617)
um 1600

*Indianer-Prinzessin Pocahontas
bzw. Rebecca Rolfe (1595–1617) in englischer Tracht.
Kupferstich von Simon van de Passe (um 1595–1647)
aus dem Jahre 1616, erstmals gedruckt 1624*

Die Pamunkey waren einer der größten Algónkin-Stämme in Virginia. Sie lebten an den Küsten von Virginia nahe der Chesapeake Bucht und ernährten sich durch eine Kombination aus Fischfang, Jagd und Landwirtschaft. Bei den Dörfern der Pamunkey handelte es sich nicht um dauerhafte Siedlungen, weil sie jeweils nach etwa zehn Jahren weiterzogen, damit sich ihre Felder vom Anbau erholen konnten.

Im Leben der Pamunkey spielte der Pamunkey River eine wichtige Rolle. Auf diesem Fluss betrieben sie Fischfang oder fuhren sie zur Jagd oder zu anderen Indianerstämmen. Gewohnt haben die Pamunkey in langen und schmalen Behausungen, die von den englischen Kolonisten als Langhäuser bezeichnet wurden. Als Baumaterial für diese einfachen Behausungen dienten gebogene Jungpflanzen und gewebte Matten.

Cockacoeske (auch Cockacoeskie oder Cockacoeweske genannt) kam zwischen 1634 und 1640 in Pamunkey Neck zwischen den Flüssen Pamunkey River und Mattaponi River zur Welt. Sie stammte aus einer angesehenen Familie und war wie ihre berühmte Cousine Pocahontas (1595–1617) eine Indianer-Prinzessin. Ihr Vater hieß Nectowance (um 1600–1649) und war ein Sohn von König Opechancanough (um 1554–1644).

Einer ihrer Verwandten, König Powhatan (1545–1618), errichtete zwischen 1597 und 1607 die nach ihm benannte Powhatan-Konföderation. Dabei handelte es sich um ein mächtiges Bündnis aus 31 Indianerstämmen

Bild auf Seite 13:

Porträt eines Indianers aus der Chesapeake Bay
von John White (um 1540–1593)
aus dem Jahre 1595,
das oft irrtümlich Opechancanough (um 1554–1646)
zugeschrieben wird

König Powhatan (1531–1618),
Vater der „Indianer-Prinzessin" Pocahontas.
Ausschnitt aus einer Karte von 1612

König Powhatan (1531–1618),
Vater der „Indianer-Prinzessin" Pocahontas.
Ausschnitt aus einer Publikation von 1624

15

Bild auf Seite 17:

„A Map of Virginia. With a Description of the Countrey,
the Commodities, People, Government and Religion" (1612)
von John Smith (1580–1631).
Links oben befindet sich ein Bild,
das König Powhatan in einem Langhaus zeigt
(siehe Seite 14).

17

Bild auf Seite 19:

Lithographie von Powhatans Mantel,
Ashmolean Museum, Oxford 1888.
Ausschnitt aus Tafel XX in Edward B. Tylor
„Notes on Powhatans Mantle,
Preserved in the Ashmolean Museum, Oxford",
Internationales Archiv für Ethnologie,
Band I (1888), Seite 215–217

William Berkeley (1605–1677),
Gouverneur von Virginia.
Ölgemälde von Sir Peter Lely (1618–1680)
zwischen 1637 und 1680

in der Küstenregion des heutigen US-Bundesstaates Virginia. Auf Geheiß von König Jakob I. (James I.) von England und Irland (1566–1625) wurde Powhatan 1609 zum „König von Virginia" gewählt, was er bis zu seinem Tod 1618 blieb.

Nach dem Tod von Powhatan wurde 1618 dessen jüngerer Stiefbruder Opechancanough der „König von Virginia". Opechancanough und Powhatan hatten denselben Vater, nämlich „Running Stream" (um 1515–um 1570), genannt „Don Louis", aber jeweils eine andere Mutter. Opechancanough kämpfte erbittert mit den Weißen. Am 22. März 1622 richtete er rund um Jamestown in Virginia das so genannte Jamestown-Massaker an. Dabei handelte es sich um das erste große Massaker an Weißen in Nordamerika. Pamunkey-Krieger unter der Führung von Opechancanough überfielen englische Farmen und Siedlungen, zerstörten sie und töteten Hunderte von Kolonisten. 22 Jahre später geriet Opechancanough in Gefangenschaft. Ein Wächter ermordete den gefangenen Anführer im Oktober 1644 in Jamestown. In der Literatur werden auch 1645 und 1646 als sein Todesjahr erwähnt.

Nach dem Tod von Opechancanough löste sich die von seinem Vorgänger Powhatan geschaffene Konföderation zahlreicher Stämme auf. Fortan konkurrierten verschiedene Anführer um die Macht unter den Stämmen in Virginia.

Von 1644 bis 1649 war Nectowance der „König von Virginia". 1646 zwang der Gouverneur von Virginia, William Berkeley (1606–1677), Nectowance zu einem

Bild auf Seite 23:

Jamestown-Massaker am 22. März 1622:
An diesem Tag überfielen Powhatan-Indianer
Jamestown und andere Siedlungen der Engländer.
Holzschnitt von Matthäus Merian (1593–1650),
der in einem Buch von 1628
über die Neue Welt
zusammen mit Gravierungen
von Theodore de Bry (1651–1623)
veröffentlicht wurde

Friedensvertrag, gemäß dem die Indianer fast ihr ganzes Land den Engländern überlassen mussten.

Ehemann von Prinzessin Cockacoeske wurde Totopotomoi (1625–1656), nach anderer Schreibweise auch Totopomi, der Enkel einer Schwester des erwähnten Königs Powhatan. Nach dem Tod von Nectowance erhielt Totopotomoi 1649 im Alter von etwa 24 Jahren den Titel „König der Pamunkey".

1656 verlor Totopotomoi, der mit 100 Kriegern an der Seite der Engländer unter Colonel Edward Hill (gestorben um 1663) am Kampf gegen die Ricahecreans (ein Stamm der Sioux) teilgenommen hatte, sein Leben. Er wurde zusammen mit vielen seiner Pamunkey-Krieger erschlagen. Bei diesem Kampf war es darum gegangen, die Ricahecreans aus ihrer neuen Siedlung an den Wasserfällen des James River zu vertreiben. Diese Auseinandersetzung östlich von Richmond ging als „Battle of Bloody Run" („Schlacht von Bloody Run") und als blutigste Schlacht zwischen Indianern auf dem Boden von Virginia in die Geschichte der USA ein. Colonel Hill wurde später für seinen Mangel an Führung getadelt, musste persönlich für die Kosten der Schlacht aufkommen und wurde degradiert.

Irgendwann nach dem Tod von Totopotomoi erkannte die Kolonialregierung in Virginia dessen Witwe Cockacoeske als „Königin der Pamunkey" an. Ihre Herrschaft dauerte rund 30 Jahre. Nach dem Tod ihres indianischen Ehemannes Totopotomoi wurde der englische Lieutenant-Colonel John West (1632–1691) der Geliebte der „Königin der Pamunkey". Er war der

Sohn von Gouverneur John West (1590–1659), der Enkel von Gouverneur Thomas West, 2. Baron de La Warr (um 1556–1601/1602) sowie der Neffe von Gouverneur Thomas West, 3. Baron de La Warr (1577–1624), des Namensgebers für den US-Bundesstaat Delaware, den Delaware River und den Indianerstamm Delaware. John West diente von 1652 bis 1673 beim Militär. Ab 1662 war er Captain und ab 1667 Major. 1673 verließ er das Militär im Rang eines Lieutenant-Colonel.

Wann die Affäre von John West mit Cockacoeske begann, lässt sich heute nicht mehr genau feststellen. Aus der Verbindung zwischen Cockacoeske und West ging um 1656/1657 ein Sohn hervor, der ebenfalls den Namen John West erhielt. West hatte am 4. November 1654 die Engländerin Unity Croshaw (um 1636–1670) geheiratet. Unity war die Tochter des Majors Joseph Croshaw (1610–1667) aus Jamestown und die Enkelin von Captain Raleigh Croshaw (gestorben 1624), eines der Gründer vom Jamestown. Aus der Ehe von Unity und John sind fünf Kinder hervorgegangen: Nathaniel (1655–1724), Unity Susannah (geboren 1657). John III (geboren 1666), Anne (1669-1708) und Thomas (1670–1714).

Eine schwere Zeit erlebten Cockacoeske und John West wegen der von dem englischen Kolonisten und Tabakpflanzer Nathaniel Bacon (1647–1676) angeführten „Bacons Rebellion" (1676/1677). Dieser Aufstand richtete sich gegen den Gouverneur von Virginia, William Berkeley, und dessen indianer-freundliche Politik.

Thomas West (1577–1624)
Gouverneur von Virginia und 3. Baron de La Warr

Nathaniel Bacon (1647–1676),
Kolonist, Tabakpflanzer und Rebell

Es begann damit, dass die vertraglich nicht an die weißen Siedler in Virginia gebundenen Doeg-Indianer im Juli 1675 die Schweine des Plantagenbesitzers Thomas Mathews konfiszierten, weil jener seine Schulden nicht bezahlte. Als Mathews die Schweine mit Gewalt zurückholte, verloren Indianer ihr Leben. Dies führte zu einer blutigen Auseinandersetzung zwischen Indianern und Virginiern, in die ohne eigenes Verschulden die Susquehanna-Indianer gerieten. Als letztere nach Maryland zu den befreundeten Piscataway flohen, überschritt ein von Gouverneur Berkeley bevollmächtigter Trupp die Grenze ohne Erlaubnis der dortigen Regierung und rief zudem deren Heer zu Hilfe. Dann wurde das Fort der Piscataway belagert, in dem sich die Susquehanna aufhielten. Am 26. September 1675 ermordeten die Weißen fünf verhandlungsbereite Häuptlinge. Bei anschließenden Kämpfen entkamen die meisten Susquehanna. In der Folgezeit verübten die Susquehanna kurze Überfälle, um jeden der fünf ermordeten Häuptling durch zehn ermordete weiße Siedler zu rächen. Im Januar 1676 startete Gouverneur Berkeley erneut eine Strafexpedition gegen die Susquehanna, rief diese aber bald darauf wieder zurück. Der Grund: Die Susquehanna hatten erklärt, die Häuptlingsmorde seien nun gerächt und es würden keine weiteren Überfälle mehr erfolgen. Gouverneur Berkeley entschloss sich daraufhin zu einer zurückhaltenderen Politik gegenüber den Indianern. Nach einer Sondersitzung am 7. März 1676 in Jamestown beschloss man Folgendes: Einerseits sollten vertraglich gebundene

Stämme gegen die feindlichen Indianer Hilfe leisten. Andererseits sollte kein Feind ohne gesonderte Erlaubnis des Gouverneurs angegriffen werden.

Doch weiße Pflanzer im Süden von Virginia betrachteten die Märzbeschlüsse von 1676 als unzureichend, entschlossen sich zur aktiven Gegenwehr, lehnten eine Unterscheidung zwischen feindlichen und freundlichen Indianern ab und führten eigenmächtige Strafaktionen durch. Ohne Zustimmung des Gouverneurs wählten sie Nathaniel Bacon zu ihrem Anführer.

Weiße Rebellen griffen im Frühjahr 1676 auch die friedlichen Pamunkey an, töteten etliche von ihnen und nahmen Überlebende gefangen. Um ihr Leben zu retten, ließ Cockacoeske ihr Hab und Gut zurück und zog sich mit einem zehnjährigen Indianerjungen in den Sumpf „Dragon Swamp“ zurück, wo sie fast verhungerte. Ihr Geliebter John West stand auf der Seite von Gouverneur Berkeley und geriet in die Gefangenschaft der Rebellen. Wie es ihm dabei ging, kann man nur erahnen.

Im Sommer 1676 erschien Cockacoeske mit ihrem etwa 20 Jahre alten Sohn John West an ihrer linken Seite und dem Dolmetscher John Smith an ihrer rechten Seite vor dem „Komitee für Indianische Angelegenheiten“ („Committee on Indian Affairs“) in Jamestown. Der Auftritt der prächtig geschmückten jungen „Königin der Pamunkey“ war majestätisch. Sie trug einen Kopfschmuck aus Truthahnfedern und um die Stirn ein breites Band mit weißen und schwarzen Perlen, das wie ein Diadem wirkte. Ihre langen und

Cockacoeske (um 1634–1686),
die „Königin der Pamunkey",
Zeichnung von Antje Püpke,
www.fixebilder.de

Rekonstruktion der befestigten Siedlung Jamestown
in Virginia
im frühen 17. Jahrhundert

*Rekonstruktion eines Hauses
der befestigten Siedlung Jamestown (Virginia)
im frühen 17. Jahrhundert*

Rekonstruktion eines Indianerdorfes
mit Langhäusern aus der Zeit der Powhatan-Föderation
in Jamestown (Virginia)

Jamestown in Flammen am 19. September 1676,
Gemälde von Howard Pyle (1853–1911)

schwarzen Haare waren geflochten und fielen auf ihren Rücken. Perlenschmuck zierte auch den Hals und die Arme. Über der Brust prangte ein Kupferkragen. Gesicht, Arme und Beine waren tätowiert, um ihren hohen Rang zu demonstrieren. Bekleidet war Cockacoeske mit einem befransten Umhang aus Hirschhaut. Wäre sie in traditioneller Aufmachung erschienen, hätte sie ihre Brüste unbedeckt gelassen.

Vom Komitee wurde Cockacoeske gefragt, wie viele ihrer Krieger sie aufbieten könne, um die Kolonie gegen feindliche Susquehannock-Indianer zu verteidigen. Die Königin war von diesem Ansinnen wenig begeistert, weil bis dahin bereits viele Pamunkey ihr Leben verloren hatten. Ihre Antwort mit teilweise hoher und schriller Stimme währte etwa 15 Minuten lang. Bei diesem Auftritt versprach sie aber letztlich doch Unterstützung beim Kampf. Sie erklärte zunächst sechs ihrer insgesamt 150 Krieger zur Verfügung zu stellen, erhöhte dann aber auf zwölf.

Nach einer Konferenz der Rebellen auf der „Middle Plantation" in Williamsburg ging Bacon erneut gegen die Indianer vor. Einen letzten Sieg gegen die Pamunkeys errang er am 7. September 1676. Danach kam es in Jamestown mit den Anhängern von Gouverneur Berkeley zum Kampf. Als seine letzten Gegner geflohen waren, ließ Bacon am 19. September 1676 Jamestown niederbrennen. Kurz danach erkrankte er an Ruhr und starb am 26. Oktober 1676. Bis Februar 1677 schlug der mit einer Armee zurückkehrende Gouverneur Berkeley die Rebellion mit außerordentlicher Härte zurück. Wegen

König Karl II. von England (1630–1685),
Gemälde von Peter Lely (1618–1680)

seines unbarmherzigen Vorgehens beauftragte die englische Krone die „Royal Commission of Virginia" damit, die „Bacons Rebellion" zu untersuchen. Diese Untersuchung hatte die Ablösung von Berkeley zur Folge. Er kehrte nach England zurück und starb dort am 9. Juli 1677.

Im Februar 1677 bat Cockacoeske die Engländer in Virginia um Freilassung gefangengenommener Stammesmitglieder und um Rückgabe des Eigentums der Pamunkey. Die königlichen Kommissare beschlossen, Cockacoeske für ihre bemerkenswerte Treue zu den Engländern zu belohnen.

Am 29. Mai 1677, dem Geburtstag von König Karl II. von England (1630–1685), schlossen etliche indianische Stämme einen 21 Punkte umfassenden Friedensvertrag mit den Engländern. Als Erste unterschrieben Cockacoeske und ihr etwa 20 Jahre alter Sohn John West diesen so genannten „Vertrag von Middle Plantation" („Treaty of Middle Plantation") zwischen König Karl II. (Charles II.) und Anführern indianischer Stämme aus Virginia. Jener Vertrag wurde von folgenden indianischen Anführern unterzeichnet:

Königin Cockacoeske von den Pamunkey und Sohn Captain John West,
König der Notowayes,
König Peracuta von den Appomattux,
Königin der Wayonaoake,
König der Nanzem'd,
König Pattanochus von den Nansatiocoes, Nanzemunds und Portabacchoes,

ARTICLES
OF
PEACE
Between
The Most Serene and Mighty PRINCE
CHARLES II.
By the Grace of God,
King of *England*, *Scotland*, *France* and *Ireland*,
Defender of the Faith, &c.
And Several
Indian Kings and Queens, &c.
Concluded the 29th day of *May*, 1677.

Published by His Majesties Command.

LONDON,
Printed by *John Bill*, *Christopher Barker*, *Thomas Newcomb*
and *Henry Hills*, Printers to the Kings
Most Excellent Majesty. 1677.

Titelseite des Vertrages von 1677
(„Treaty of Middle Plantation")

König Shurenough von den Manakins,
König Mastegonoe von den Sappones,
Häuptling Tachapoake von den Sappones,
Häuptling Vnuntsquero von den Maherians,
Häuptling Horehonnah von den Maherians.
Laut Vertrag waren fortan etliche Stämme Vasallen der „Königin der Pamunkey" und der englischen Krone. Außerdem garantierte der Vertrag den Pamunkey und Mattaponi Gebiete, für die sie Tribut zahlen mussten und die später als Reservationen bezeichnet wurden. Die Indianerreservationen der Pamunkey und der Mattaponi sind die einzigen in Virginia und die zwei ältesten in den USA. Erlaubt wurde den Indianern die Jagd, der Fischfang und das Recht, Waffen zu tragen. Anlässlich der Vertragsunterzeichnung erhielten die Anführer Geschenke und Abzeichen ihrer Autorität. Cockacoeske bekam eine rote Samtkappe mit silbernem Stirnschmuck („Pamunkey Fronlet"), der im Auftrag von König Karl II. angefertigt wurde. Das so genannte „Pamunkey Frontlet" ist eine vier Inches (etwa zehn Zentimeter) breite und sechs Inches (rund 15 Zentimeter) lange und gravierte Medaille, die als Schmuck an der Stirn oder am Hals getragen werden kann. In der Literatur ist manchmal stattdessen von einer Silberkrone die Rede.

Cockacoeske besaß großes diplomatisches Geschick und unterhielt gute Beziehungen zu den weißen englischen Kolonisten in Virginia. Ungeachtet dessen gelang es ihr wegen mangelnder Zusammenarbeit zwischen den Indianerstämmen nicht, als Anführerin die alte Macht wie zu Zeiten ihres Großvaters Powhatan wieder herzustellen. Die Chickahominy und Rappahannock verweigerten ihr die Anerkennung als Anführerin und Tribut.

Im Sommer 1678 schrieb der Landbesitzer Cornelius Dabney (um 1631–um 1694) aus Virginia als Dolmetscher für Cockacoeske eine Beschwerdeliste an Colonel Francis Moryson (um 1601–1686) von der „Royal Commission of Virginia". Darin bekannte die „Königin der Pamunkey" ihre Loyalität gegenüber der englischen Krone und beklagte sich über Indianerstämme, die ihre Befehle missachteten.

Eltern von Cornelius Dabney waren Theodore D'Aubigne (1610–1700) und Dorothy Batts D'Aubigne (1603–1635). Cornelius Dabney bzw. Cornelius D'Aubigne könnte mit Cockacoeske verwandt gewesen sein. Nach Ansicht mancher Historiker stammte seine zweite Ehefrau Susanna (1643–1724), die er um 1664 heiratete, aus der Familie von Cockacoeske und Totopotomoi und war vielleicht deren Enkelin.

1685 repräsentierte Lieutenant-Colonel John West, der Geliebte von Cockacoeske, New Kent im „House of Burgess". Am 1. Juli 1686 teilte der Dolmetscher George Smith dem Rat des Gouverneurs mit, Cockacoeske seit vor einiger Zeit gestorben. John West starb fünf Jahre später 1691.

Nachfolgerin von Cockacoeske wurde ihre Nichte, die anfangs „Queen Betty" und später „Queen Ann" genannt wurde. In einer Petition an die Engländer in Virginia vom 22. Oktober 1701 ist von „Queen Betty" die Rede. In Dokumenten vom August 1706 und um 1710 dagegen wird „Queen Ann" erwähnt. Man vermutet heute, dass „Queen Betty" und „Queen Ann" identisch sind. Im November 1711 schickte „Queen Ann" ihren Sohn auf die „Indian school at the College of William and Mary". 1712 wurde „Queen Ann" letztmals auf einem Dokument erwähnt. Um 1723 ist „Queen Ann" gestorben.

Die Pamunkey bekamen nie eine großzügige Entschädigung für ihre militärische Unterstützung während der „Bacons Rebellion" von 1676/1677. Es trat sogar das Gegenteil ein: 1722 raubte man den Pamunkey mit Gewalt ihr Land. Knapp 100 Jahre später erhielten die Weißen auch das erwähnte silberne „Pamunkey Frontlet" zurück, das man einst Cockacoeske zum Dank für ihre Unterstützung geschenkt hatte. Das Original dieses Schmuckstückes wird in der Sammlung der „Society for the Preservation of Virginia Antiquities" in Richmond aufbewahrt. Eine Kopie davon befindet sich im „Pamunkey Indian Museum" in King William Country.

Von Cockacoeske, der „Königin der Pamunkey" wurde anscheinend von keinem Künstler zu ihren Lebzeiten ein Porträt angefertigt. Wenn man im Internet Bilder von Cockacoeske sucht, findet man lediglich Porträts aus der Gegenwart.

Die Pamunkey sind heute – neben den Powhatan – einer von nur noch zwei existierenden Stämmen in Virginia, die einst zur 31 Stämme umfassenden Powhatan-Konföderation gehört hatten. Sie leben in einer

Reservation am Pamunkey River im King William County in Virginia und betreiben dort Jagd, Fischfang und Töpferei. Ihre Keramik besteht aus Ton, dem pulverisierte weiße Muscheln hinzugefügt werden. 1979 wurde in King William das „Pamunkey Indian Tribe Museum" eröffnet, in dem auch ein traditionelles Langhaus zu sehen ist.

Literatur

HEMBUS, Joe: Westerngeschichte 1540–1894. Chronologie, Mythologie, Filmographie, München 1981
INDIANER-WIKI
http://www.indianer-wiki.org/Indianer
ÖSER, Rudolf: 500 Indianerbiografien Nordamerikas: Eine biografische Enzyklopädie, Norderstedt 2005
PROBST, Ernst: Superfrauen aus dem Wilden Westen, München 2008
PROBST, Ernst: Pocahontas. Die Indianer-Prinzessin aus Virginia, München 2010
STAMMEL, H. J.: Indianer. Legende und Wirklichkeit von A–Z, München 1992
WEIPRECHT, Brigitte: Pocahontas und andere Töchter Manitous, Göttingen 1997
WIKIPEDIA: Cockacoeske
http://en.wikipedia.org/wiki/Cockacoeske
WIKIPEDIA: Queen Anne (Pamunkey Chief)
http://en.wikipedia.org/wiki/Queen_Anne_
(Pamunkey_chief
WIKIPEDIA Opechancanough
http://de.wikipedia.org/wiki/Opechancanough
WIKIPEDIA Powhatan http://de.wikipedia.org/wiki/
Powhatan

Bildquellen

Antje Püpke, Berlin, www.fixebilder.de: 1, 30
Reproduktion eines Kupferstiches von Theodor de Bry (1561–1623) von 1590 nach einem Gemälde von John White (um 1540–1593): 6
Reproduktion eines Gemäldes vermutlich von William Segar (1564–1633) von 1598, Original in der „National Gallery of Ireland": 8 (via Wikimedia Commons), Lizenz: gemeinfrei (Public domain
Reproduktion eines Gemäldes von Isaac Olivier (1560–1617) um 1600 (via Wikimedia Commons), Lizenz: gemeinfrei (Public domain): 9
Reproduktion eines Kupferstiches von Simon van de Passe (um 1595–1647) von 1616, vermutlich frühestens 1624 publiziert: 10
Reproduktion aus John Smith: „The Generall Historie of Virginia, New-England and the Summer Isles" (1624): 13
Reproduktion aus John Smith: „A Map of Virginia: With a Description of the Countrey, the Commodities, People, Government and Religion" (1612): 14
Reproduktion aus John Smith: The Generall History of Virginia, New England and the Summer Isles (1624): 15
Reproduktion aus John Smith: „A Map of Virginia. With a Description of the Countrey, the Commodities, People, Government and Religion" (1612): 17

Reproduktion einer Lithographie von Powhatans
Mantel, Ashmolean Museum, Oxford 1888.
Ausschnitt aus Tafel XX in Edward B. Tylor
„Notes on Powhatans Mantle,
Preserved in the Ashmolean Museum, Oxford",
Internationales Archiv für Ethnologie,
Band I (1888), Seite 215–217: 19 (via Wikimedia
Commons), Lizenz: gemeinfrei (Public domain)
Reproduktion eines Gemäldes von Sir Peter Lely (1618–
1680), geschaffen zwischen 1837 und 1680: 20
Reproduktion eines Holzschnittes von Matthaeus
Merian (1593–1650), 23
Reproduktion eines Porträts vor 1624: 26
Library of Congress, Prints and Photographs Divsion,
Washington, Reproduktion einer Gravierung von
Thomas Chambars (um 1724–um 1789) nach einem
Gemälde von Selpse, geschaffen zwischen 1760 und
1800, Reproductions Number:: LC-USZ62-91133: 27
Rolf Müller (User Rolfmueller)/CC-BY-SA3.0 (Fotos
vom 28. Juli 2007): 31, 32 (via Wikimedia Commons),
lizensiert unter CreativeCommons-Lizens by-sa-3.0-de
http://creativecommons.org/licenses/by-sa/3.0/
legalcode
Nationalparks/CC-BY-SA2.5 (Foto vom 27. März 2006):
33 (via Wikimedia Commons), lizensiert unter
CreativeCommons-Lizenz by-sa-2.5-de
http://creativecommons.org/licenses/by-sa/2.5/
legalcode
Reproduktion des Gemäldes „The Burning of
Jamestown" von Howard Pyle (1853–1911), das den

Artikel „Jamestown" in „Harpers Enzyclopaedia of
United States History: from 458 A. D. to 1905"
illustrierte: 34 (via Wikimedia Commons), Lizenz:
gemeinfrei (Public domain)
Reproduktion eines Ölgemäldes von Peter Lely (1618–
1680) um 1675, Original in Euston Hall, Suffolk, Belton
House, Lincolnshire: 36 (via Wikimedia Commons),
Lizenz: gemeinfrei (Public domain)
Reproduktion der Titelseite des „Vertrages von 1677"
(„Treaty of Middle Plantation"): 38 (via Wikimedia
Commons), Lizenz: gemeinfrei (Public domain)
Klaus Benz, Fotograf, Mainz-Laubenheim: 48

Autor Ernst Probst

Der Autor

Ernst Probst, geboren am 20. Januar 1946 in Neunburg vorm Wald im bayerischen Regierungsbezirk Oberpfalz, ist Journalist und Wissenschaftsautor. Er arbeitete von 1968 bis 1971 als Redakteur bei den „Nürnberger Nachrichten", von 1971 bis 1973 in der Zentralredaktion des „Ring Nordbayerischer Tageszeitungen" in Bayreuth und von 1973 bis 2001 bei der „Allgemeinen Zeitung", Mainz. In seiner Freizeit schrieb er Artikel für die „Frankfurter Allgemeine Zeitung", „Süddeutsche Zeitung", „Die Welt", „Frankfurter Rundschau", „Neue Zürcher Zeitung", „Tages-Anzeiger", Zürich, „Salzburger Nachrichten", „Die Zeit", „Rheinischer Merkur", „Deutsches Allgemeines Sonntagsblatt", „bild der wissenschaft", „kosmos", „Deutsche Presse-Agentur" (dpa), „Associated Press" (AP) und den „Deutschen Forschungsdienst" (df). Aus seiner Feder stammen die Bücher „Deutschland in der Urzeit" (1986), „Deutschland in der Steinzeit" (1991), „Rekorde der Urzeit" (1992), „Dinosaurier in Deutschland" (1993 zusammen mit Raymund Windolf) und „Deutschland in der Bronzezeit" (1996). Von 2001 bis 2006 betätigte sich Ernst Probst als Buchverleger sowie zeitweise als internationaler Fossilienhändler und Antiquitäten-händler. Insgesamt veröffentlichte er etwa 300 Bücher, Taschenbücher und Broschüren sowie rund 300 E-Books.

Bücher von Ernst Probst

Malinche
Die Gefährtin des spanischen Eroberers

Pocahontas
Die Indianer-Prinzessin aus Virginia

Cockacoeske
Die „Königin der Pamunkey"

Katerí Tekakwitha
Die erste selige Indianerin in Nordamerika

Saccajawea
Die indianische Volksheldin

Mohongo
Die Indianerin, die in Europa tanzte

Lozen
Die tapfere Kriegerin der Apachen

Superfrauen aus dem Wilden Westen

Superfrauen 1 – Geschichte
Superfrauen 2 – Religion
Superfrauen 3 – Politik
Superfrauen 4 – Wirtschaft und Verkehr

Superfrauen 5 – Wissenschaft
Superfrauen 6 – Medizin
Superfrauen 7 – Film und Theater
Superfrauen 8 – Literatur
Superfrauen 9 – Malerei und Fotografie
Superfrauen 10 – Musik und Tanz
Superfrauen 11 – Feminismus und Familie
Superfrauen 12 – Sport
Superfrauen 13 – Mode und Kosmetik
Superfrauen 14 – Medien und Astrologie

Malende Superfrauen
Sofonisba Anguissola – Frida Kahlo –
Angelika Kauffmann – Paula Modersohn-Becker –
Séraphine Louis – Marianne von Werefkin
Schreibende Superfrauen in Deutschland

Königinnen der Lüfte von A bis Z
Königinnen der Lüfte
Drei Königinnen der Lüfte in Bayern
Thea Knorr – Christl-Marie Schultes – Lisl Schwab
(zusammen mit Josef Eimannsberger)
Königinnen der Lüfte in Deutschland
Königinnen der Lüfte in Frankreich
Königinnen der Lüfte in England, Australien
und Neuseeland
Königinnen der Lüfte in Europa
Königinnen der Lüfte in Amerika

Frauen im Weltall

Christl-Marie Schultes.
Die erste Fliegerin in Bayern
(zusammen mit Theo Lederer)
Sturzflüge für Deutschland
Kurzbiografie der Testpilotin Melitta Schenk
Gräfin von Stauffenberg
(zusammen mit Heiko Peter Melle)
Tony und Bruno Werntgen.
Zwei Leben für die Luftfahrt
(zusammen mit Paul Wirtz)

Drei Königinnen der Lüfte in Bayern.
Thea Knorr – Christl-Marie Schultes – Lisl Schwab
(zusammen mit Josef Eimannsberger)
Liesel Bach. Deutschlands erfolgreichste
Kunstfliegerin
Melli Beese. Die erste Deutsche mit Pilotenlizenz
Elly Beinhorn. Deutschlands Meisterfliegerin
Marga von Etzdorf. Die tragische deutsche Fliegerin
Thea Knorr. Eine frühe Fliegerin in München
Angelika Machinek. Eine Segelfliegerin
der Weltklasse
Thea Rasche. The Flying Fräulein
Hanna Reitsch. Die Pilotin der Weltklasse
Lisl Schwab. Eine Kunstfliegerin
aus den 1930-er Jahren
Melitta Gräfin Schenk von Stauffenberg.
Deutsche Heldin mit Gewissensbissen
Beate Uhse. Deutschlands erste Stuntpilotin
Theo Lederer. Ein Flugzeugsammler aus Bayern

Königinnen des Films 1
Biografien berühmter Schauspielerinnen
von Lucille Ball bis zu Sophia Loren
Königinnen des Films 2
Biografien berühmter Schauspielerinnen
von Anna Magnani bis zu Mae West
Königinnen des Films in Italien
Gina Lollobrigida – Sophia Loren – Anna Magnani –
Giulietta Masina
Königinnen des Tanzes
Königinnen des Theaters

Elisabeth I. Tudor. Die jungfräuliche Königin
Maria Stuart. Schottlands tragische Königin
Zenobia. Eine Frau kämpft gegen die Römer

Rekorde der Urzeit. Landschaften, Pflanzen
und Tiere
Rekorde der Urmenschen. Erfindungen, Kunst
und Religion

Dinosaurier von A bis K
Dinosaurier von L bis Z
Dinosaurier in Deutschland
Dinosaurier in Baden-Württemberg
Dinosaurier in Bayern
Dinosaurier in Niedersachsen
Raub-Dinosaurier von A bis Z
Archaeopteryx. Die Urvögel aus Bayern
Gastornis. Der verkannte Terrorvogel

Der Ur-Rhein. Rheinhessen
vor zehn Millionen Jahren
Als Mainz noch nicht am Rhein lag
Der Rhein-Elefant. Das Schreckenstier
von Eppelsheim
Krallentiere am Ur-Rhein
Menschenaffen am Ur-Rhein
Säbelzahntiger am Ur-Rhein
Deutschland im Eiszeitalter
Höhlenlöwen. Raubkatzen im Eiszeitalter
Der Höhlenlöwe
Säbelzahnkatzen. Von Machairodus bis zu Smilodon
Der Höhlenbär

Affenmenschen. Von Bigfoot bis zum Yeti
Monstern auf der Spur. Wie die Sagen über Drachen,
Riesen und Einhörner entstanden
Nessie. Das Monsterbuch
Seeungeheuer. 100 Monster von A bis Z
Das Einhorn. Ein Tier, das nie gelebt hat
Drachen. Wie die Sagen über Lindwürmer entstanden
Riesen. Von Agaion bis Ymir

Der Schwarze Peter. Ein Räuber im Hunsrück
und Odenwald
Julchen Blasius. Die Räuberbraut
des Schinderhannes
Hildegard von Bingen. Die deutsche Prophetin
Johann Jakob Kaup. Der große Naturforscher
aus Darmstadt

Der Ball ist ein Sauhund. Weisheiten und Torheiten
über Fußball (zusammen mit Doris Probst)
Worte sind wie Waffen. Weisheiten und Torheiten
über die Medien (zusammen mit Doris Probst)
Schweigen ist nicht immer Gold. Zitate von A bis Z

Bestellungen bei: www.grin.com